23

供电企业生产技能人员标准化作业培训教材

输电线路停电更换耐张绝缘子

福建省电力有限公司　组编

输变电

中国电力出版社
CHINA ELECTRIC POWER PRESS

内 容 提 要

本册书是按照《供电企业生产技能人员标准化作业培训教材》体系的要求，结合生产实际编写而成。本册书共分为两大部分，主要从输电线路停电更换耐张绝缘子的工作流程、工作质量标准与控制、安全风险分析与预控、管理与记录要求等方面予以详细阐述，结合实际作业案例进行分析，并附实际作业案例相关的标准化作业指导书、作业安全质量控制卡和思考与练习等内容。

本册书作者都是长期从事电力生产一线的员工，有较为丰富的现场实际经验，所列举的案例也是实际生产过程中所发生的，具有较强的生产现场指导意义。本册书可作为供电企业输电线路生产技能人员的培训教学用书，也可作为电力职业院校教学参考用书。

图书在版编目（CIP）数据

供电企业生产技能人员标准化作业培训教材. 输变电/福建省电力有限公司组编. —北京：中国电力出版社，2012.12

ISBN 978-7-5123-3810-4

Ⅰ. ①供…　Ⅱ. ①福…　Ⅲ. ①供电－工业企业管理－标准化管理－中国－技术培训－教材　②输电－电力系统－技术培训－教材　③变电所－电力系统－技术培训－教材　Ⅳ. ①F426.61

中国版本图书馆 CIP 数据核字（2012）第 287838 号

中国电力出版社出版、发行

（北京市东城区北京站西街 19 号　100005　http://www.cepp.sgcc.com.cn）

北京九天众诚印刷有限公司印刷

各地新华书店经售

*

2013 年 1 月第一版　　2013 年 1 月北京第一次印刷

787 毫米×1092 毫米　16 开本　84 印张　1766 千字

全册定价 **232.00** 元

陈艺鑫　陈日坤　陈祥舒　陈朝晖　陈德兴
林　衡　林一泓　林志敏　林志强　林轶群
林海渊　欧世尧　欧永连　罗　松　罗　毅
金建宁　郑哲人　郑雄俊　郑黎斐　赵道阳
施　纬　施广宇　洪西卿　钱志立　翁晓锋
涂恩来　黄　亮　黄国敏　董　磊　傅智为
潘晨曦

前言

preface

为了更好地服务“五大”体系建设，提升生产技能人员良好的“职业化”行为习惯，建立与现场标准化作业生产环境一致的培训课程体系，福建省电力有限公司以现场标准化作业指导书为蓝本，组织开展生产技能标准化作业培训教材的编写工作。为确保教材的编写质量和进度，由总工程师李功新主抓此项工作，多次召集工作协调会，定期听取编写进度汇报；人力资源部负责教材编写的组织工作，运维检修部、科技信通部和调度控制中心负责教材编写的具体工作，福建省电力有限公司和基层单位技术专家组成教材编写与审定小组，公司培训中心负责教材编写框架和编写规范的制订、编写进度跟踪及其他协调工作。

本套教材集中了福建省电力有限公司众多专家学者的智慧，采用了全新的组织架构，突出了基于现场标准化作业的培训特色。本套教材分为配电专业、输变电专业和二次专业三本书，包括 91 项现场标准化作业项目（子分册），具有很强的针对性和实用性。各项目（子分册）分为两部分：第一部分介绍了各项目的工作流程、工作质量标准与控制、危险点分析与预控、管理与记录要求、作业案例等；第二部分罗列了标准化作业指导书等标准化作业文本，并结合第一部分的作业案例说明了标准化文本的填写规范。部分项目（子分册）还在附录部分对设备等内容进行了说明。

其中，配电专业分为架空线路、配电设备、计量装置及其他设备，由福建省电力有限公司运维检修部高级工程师姚亮担任编写组长，福州电业局、厦门电业局、莆田电业局、泉州电业局、漳州电业局、龙岩电业局、三明电业局、南平电业局、宁德电业局、福清电力公司、石狮电力公司、晋江电力公司、南安电力公司、长乐电力公司等单位的专家参与编写工作。输变电专业分为开关类、线圈类和架空线路及电缆，由福建省电力有限公司运维检修部高级工程师林平担任编写组长，福建省电力科学研究院、检修分公司、福州电业局、厦门电业局、莆田电业局、泉州电业局、漳州电业局、龙岩电业局、三明电业局等单位的专家参与编写工作。二次专业分为继电保护、综合自动化、直流系统和电力通信，由福建省电力有限公司调度控制中心高级工程师宋福海、科技信通部高级工程师连纪文担任编写组长，福建省电力科学研究院、检修分公司、信息通信分公司、福州电业局、厦门电业局、莆田电业局、泉州电业局、龙岩电业局、三明电业局、南平电业局等单位的专家参与编写工作。

本册由厦门电业局严有祥担任编写组长，厦门电业局叶色亮、福州电业局王全兴、泉州电业局吴志成、三明电业局沈明松、李春等编写；福建省电力有限公司运维检修部吴虹主审，福建省电力有限公司运维检修部林力辉、漳州电业局李郭然、厦门电业局胡志猛、吴增辉、福建省电力科学研究院施倩、李强等参审。

本教材在编写、审定过程中得到了福建省电力有限公司有关单位领导和专家的大力支持和帮助，在此一并感谢。同时，也感谢中国电力出版社的大力支持。

由于编者能力所限及编写时间仓促，难免存在疏漏之处，恳请各位专家和读者提出宝贵意见。

contents 目录

第一部分
标准化作业培训

1 作业描述

根据绝缘子检修的标准化作业指导书的内容，介绍手扳葫芦法更换耐张瓷绝缘子串的工作流程和质量标准要求。通过对工艺流程及作业案例的介绍，掌握耐张瓷绝缘子串更换检修所需工器具、材料、工作流程、质量标准、作业中的危险点预控、操作步骤、管理要求等内容。

2 工作流程

停电更换耐张瓷绝缘子串的工作流程如图 1-1 所示。

3 工作质量标准与控制

3.1 引用标准

GB 50233—2005 《110～500kV 架空送电线路施工及验收规范》

GB 50545—2010 《110kV～750kV 架空输电线路设计规范》

3.2 安装质量控制

（1）新更换的瓷绝缘子安装前应逐个表面清洗干净，并应逐个（串）进行外观检查。安装时应检查碗头、球头与弹簧销子之间的间隙，绝缘子串钢帽、绝缘体、钢脚应在同一轴线上。在安装好弹簧销子的情况下球头不得自碗头脱出。验收前应清除瓷绝缘子表面的污垢及附着物。

（2）瓷绝缘子的绝缘电阻宜用 5000V 绝缘电阻表逐个进行测量，绝缘电阻值应大于 500MΩ。

（3）绝缘子串上的各种金具上的螺栓、穿钉及弹簧销子除有固定穿向外，其余穿向应统一，并应符合下列规定。

1）悬垂串上的弹簧销子均按线路方向穿入。使用 W 弹簧销子时，绝缘子大口均朝线路后方；使用 R 弹簧销子时，大口均朝线路前方。螺栓及穿钉凡能顺线路方向穿入者均按线路方向穿入，特殊情况两边线由内向外，中线由左向右穿入。

2）耐张串上的弹簧销子、螺栓及穿钉均由上向下穿，当使用 W 弹簧销子时，绝缘子大口均应向上；当使用 R 弹簧销子时，绝缘子大口均向下，特殊情况可由内向外、由左向右穿入。

4 安全风险分析与预控

4.1 危险点 1：触电

事故案例

××年×月×日上午 11:30 左右，××送电工区检修一班承担处理与 330kV××线 10 号同杆架设的未运行空线路，在装设接地线时，职工杨×被指派上 10 号塔上相横担挂接地线，上塔前，工作负责人吴×专门交待其一定要将接地端连接牢靠。杨×按照规定的程序在挂好

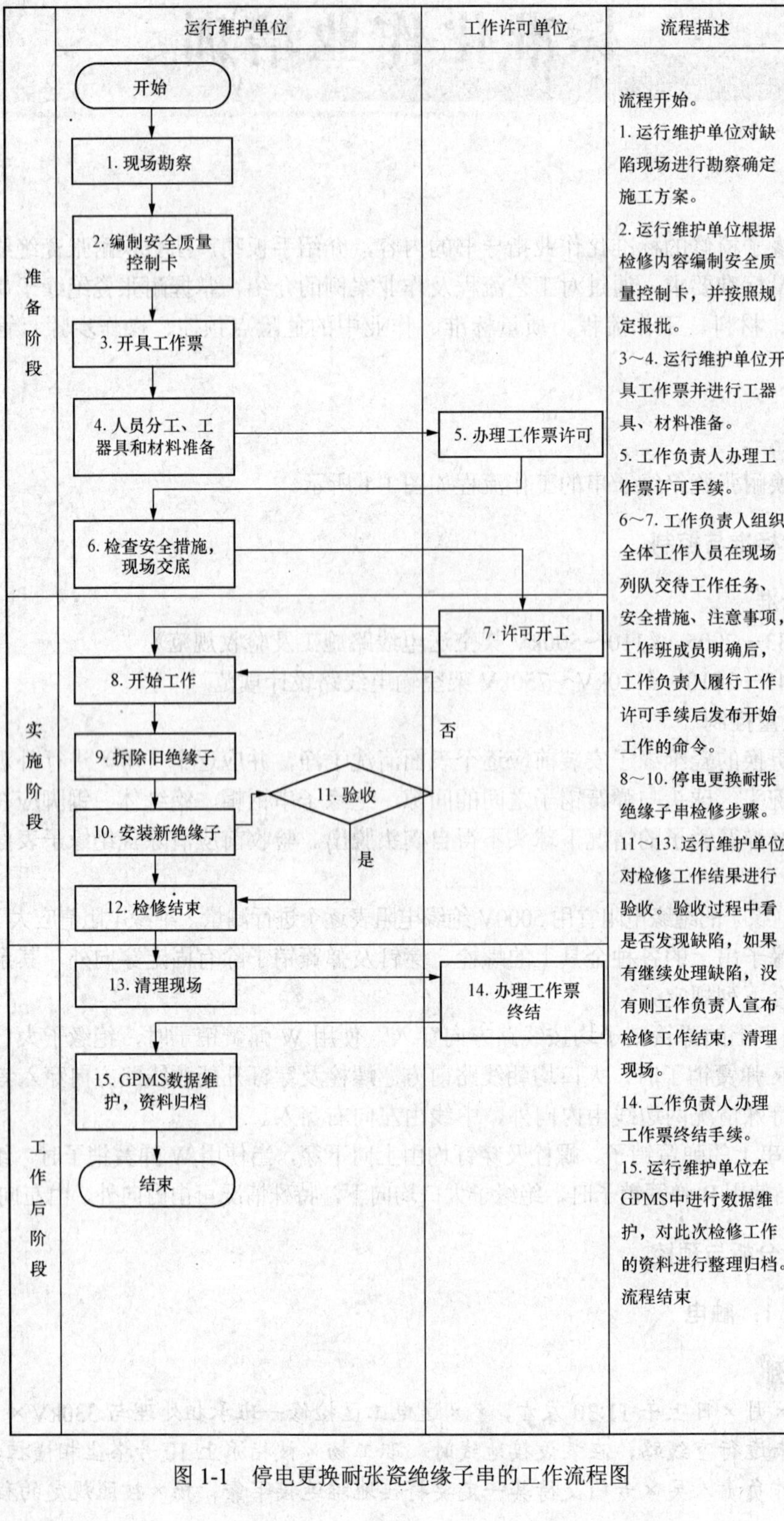

图 1-1　停电更换耐张瓷绝缘子串的工作流程图

第一根接地线后，发现接地线的接地端未连接好，擅自用手将已挂好接地线接地端拆下，此时该线路的感应电压由接地线导线端的线夹通过杨×双手，腿部对横担放电，导致双手和腿部被烧伤。

防范措施

（1）线路经验明确无电压后，应立即装设接地线并三相短路。各工作班工作地段各端和有可能送电到停电线路工作地段的分支线都要验电、装设工作接地线。装、拆接地线应在监护下进行。（《国家电网公司电力安全工作规程（线路部分）》第 3.4.1 条）

（2）装设接地线时，应先接接地端，后接导线端，接地线应接触良好、连接应可靠，拆接地线的顺序与此相反。装、拆接地线应使用绝缘棒或专用的绝缘绳。人体不准碰触未接地的导线。（《国家电网公司电力安全工作规程（线路部分）》第 3.4.5 条）

4.2 危险点 2：高处坠落

事故案例

×月×日，××公司送电工区进行 500kV××Ⅰ号线停电作业，第三作业组负责人周×，带领作业人员邢×、乌×进行××Ⅰ号线 103 号塔瓷质绝缘子更换为复合绝缘子工作。塔上作业人员邢×、乌×在更换完成 V 相合成绝缘子后，准备安装重锤片。邢×首先沿软梯下到导线端，14:16，乌×随后在沿软梯下降过程中，由于安全带没有扣好，不慎从距地面 33m 处坠落至地面，经送医院抢救无效死亡。

防范措施

（1）作业人员攀登杆塔、杆塔上转位及杆塔上作业时，手扶的构件应牢固，不准失去安全防护，并防止安全带从杆顶脱出或被锋利物损坏。（《国家电网公司电力安全工作规程（线路部分）》第 6.2.3 条）

（2）在杆塔上作业时，应使用有后备绳或速差自锁器的双控背带式安全带，当后保护绳超过 3m 时，应使用缓冲器。安全带和保护绳应分别挂在杆塔不同部位的牢固构件上。（《国家电网公司电力安全工作规程（线路部分）》第 6.2.4 条）

（3）高处作业人员在作业过程中，应随时检查安全带是否拴牢。高处作业人员在转移作业位置时不准失去安全带防护。（《国家电网公司电力安全工作规程（线路部分）》第 7.10 条）

（4）工作负责人、专责监护人应始终在工作现场，对工作班人员的安全进行认真监护，及时纠正不安全的行为。（《国家电网公司电力安全工作规程（线路部分）》第 2.5.1 条）

4.3 危险点 3：高处落物伤人

事故案例

××年×月×日，××超高压局送电工区线路二班对 220kV××线路进行检修工作，其中 33 号铁塔更换绝缘子的工作由梅×担任组长，塔上工作人员有 3 人担任，地勤人员有任×、熊×及 5 名临时工。上午 9 点左右开始工作，10:30 左右塔上、塔下工作人员分别将新、旧绝缘子串绑扎好后，采用循环吊方式将旧绝缘子放下，新绝缘子吊上。当新绝缘子串上升到接近铁塔下横担（离地面约 18m）时，熊×从重物（新绝缘子串）下通过，正遇上白棕绳结头滑脱，新绝缘子串从高处坠落，击中熊×头部（安全帽被砸烂），送医院途中死亡。

防范措施

（1）杆塔作业应使用工具袋，较大的工具应固定在牢固的构件上，不准随便乱放。上下传递物件应用绳索拴牢传递，禁止上下抛掷。在杆塔上作业，工作点下方应按坠落半径设围栏或其他保护措施。杆塔上无法避免垂直交叉作业时，应做好防落物伤人的措施，作业时要相互照应，密切配合。（《国家电网公司电力安全工作规程（线路部分）》第6.2.5条）

（2）在进行高处作业时，除有关人员外，不准他人在工作地点的下面通行或逗留，工作地点下面应有围栏或装设其他保护装置，防止落物伤人。（《国家电网公司电力安全工作规程（线路部分）》第7.13条）

5 管理与记录要求

（1）召开班前会、班后会。

（2）将新更换的绝缘子参数等台账录入GPMS系统。

（3）将班前会和班后会录音上传至GPMS系统，并做好登记。

（4）将本次作业过程记录录入到GPMS系统，进行评估和终结作业流程。

6 作业案例

结合220kV××变电站3号主变压器大修，220kV××线18号塔停电更换×相耐张绝缘子串检修作业。

6.1 作业准备阶段

6.1.1 准备工作

序号	工作项目	工作内容或要求	备注
1	勘察现场、查阅资料	1．查阅施工线路的图纸资料，了解和掌握作业所需的各种参数，复核导线荷载，并据此选用工器具。 2．勘察现场，了解交叉跨越、平行线路，有无影响施工的障碍物等情况	
2	编制作业指导书	包含更换工作任务的人员分工、作业方案、质量控制流程和工艺标准、作业危险点分析及控制措施等内容	
3	工作方法	手扳葫芦法	
4	主要工器具及材料	详见班组作业安全质量控制卡	
5	作业人员资格审查	必须取得送电线路专业上岗证书，经安全技术培训并考试合格，无妨碍工作的病症	

6.1.2 召开班前会

序号	内 容	标 准	备注
1	人员分工	根据作业内容及工作量确定具体的人员分工	
2	技术交底	明确作业方法、工艺及质量标准	
3	进行危险点分析并制定控制措施	危险点分析及控制措施详尽并有针对性	

6.1.3 填写并签发工作票

完整填写线路第一种工作票并履行审批、签发手续。

6.2 作业实施阶段

6.2.1 作业开工

序号	工作项目	工作内容或要求	备注
1	办理工作许可手续	作业前与调度联系线路确已停电，办理工作许可手续，并且安全措施已布置完毕，可以作业	
2	宣读工作票	1．工作负责人召集全体人员列队，宣读工作票，工作人员列队认真听票。 2．工作负责人讲明工作中的危险点及控制措施，并进行提问，无问题后工作班人员在工作票上签字确认后，方可开始作业	
3	核对工作范围及设备	工作负责人接到工作许可命令后，率领工作班成员到达现场。工作负责人要亲自按工作票、缺陷传递单核对作业线路名称、杆塔号和色标	
4	验电、挂接地线	1．由专人用合格的验电器在作业地段前后杆塔验电，并设专人监护。 2．验明线路确无电压后，开始装设接地线。应先接接地端后接导线端，接地线应接触良好，连接可靠，接地线不得缠绕	

6.2.2 作业内容及质量控制流程

序号	作业项目或内容	作业要求及工艺质量标准
1	工器具摆放	在杆位附近选一较平坦处（有条件可铺好帆布），将所用工器具依次摆放好
2	悬挂传递绳	杆上作业人员戴好安全帽，携带传递绳上塔到合适位置，系好安全带后，将传递绳挂在合适位置
3	工器具的传递、安装	1．杆上作业人员系好安全带、后备保护绳，进入导线侧的工作位置，在横担侧和导线侧分别安装主吊绳。 2．杆上作业人员互相配合做好导线的后备保护绳，并将导线后备保护绳安装在合适的位置上。 3．杆下作业人员利用传递绳将钢丝绳、手扳葫芦、托瓶架等工器具传递到杆上进行安装。所有工具安装完毕后，杆上作业人员均匀收紧手板葫芦，使其承受一定张力。对手板葫芦及托瓶架的各个连接及受力部位进行全面检查
4	旧绝缘子串拆除	1．杆上作业人员分别拔除绝缘子串两端的弹簧销，收紧手扳葫芦使绝缘子串松弛至托瓶架上，将绝缘子串前后连接点分别与金具脱离。 2．用主吊绳将绝缘子串系牢，杆上、地面作业人员配合传递至地面
5	新绝缘子的检测	地面作业人员检查新绝缘子，应完好无损、表面清洁，用 5000V 绝缘电阻表逐个进行测量，绝缘电阻值应大于 500MΩ，检查绝缘子钢帽、绝缘体、钢脚在同一轴线上
6	新绝缘子串的安装	1．地面作业人员将检验合格的绝缘子组装成串后用主吊绳系牢，由杆上、地面作业人员配合传递到杆上。 2．杆上作业人员将绝缘子推至托瓶架上，恢复绝缘子串前后连接点的连接，并安装好弹簧销，检查绝缘子及作业各部位的连接状况，调整绝缘子串的开口方向，使其一致。 3．横担侧作业人员松动手扳葫芦使张力转移到绝缘子串上
7	工器具拆除	1．检查各部金具连接无问题后，拆除工器具及导线保护绳传至地面，导线侧作业人员返回杆上。 2．杆上作业人员检查作业各部位正常、完好，杆上无任何遗留物。 3．杆上人员解开安全带、后备保护绳，携带传递绳下至地面

6.3 作业结束阶段

序号	工作程序名称	工作内容或要求	备注
1	作业现场清理	达到工完、场清、料净	
2	盘点工具、材料数量	按工器具和材料附表核实工具、材料数量	
3	申请办理质量验收	由验收单位按工艺标准及有关规程组织施工质量验收	
4	拆除接地线、人员撤离	工作结束后，工作负责人检查作业现场无问题、确定所有人员下塔后，下令拆除接地线	
5	办理工作票终结手续	工作负责人向工作许可人汇报作业结束，现场人员全部下塔后，线路所挂的接地线已全部拆除，没有遗留问题，可以恢复送电	

6.4 作业小结

（1）召开班后会。

（2）将新更换的瓷绝缘子参数等台账录入 GPMS 系统。

（3）班前会和班后会录音上传至 GPMS 系统，并做好登记。

（4）将本次作业过程记录录入到 GPMS 系统，进行评估和终结作业流程。

思考与练习

1．请根据以下案例进行原因分析并思考防范措施。

【案例】 ×月×日，××公司检修三班在 220kV××Ⅱ线更换 8～14 号塔的绝缘子。上午 9 时，该班张×、黄×、李×为一组更换 12 号塔（耐张塔）绝缘子，张×为工作监护人。13:03，黄×、李×转移至后三相换绝缘子，李×用安全带作保护转移至绝缘子串线路侧，人骑在绝缘子上，安全带打在单串绝缘子上，黄×坐在铁塔横担上，安全带环绕打在横担与绝缘子串联板间的 U 形环与延长环组成的连接金具上，黄×正准备取后备保护绳时，U 形环突然断脱，黄×从高约 31m 处摔下，李×被安全带挂在绝缘子串上，后紧急将李×救下与黄×送医院抢救，黄×抢救无效死亡，李×受伤住院治疗，经医院初步诊断伤情为：闭合颅脑损伤、右第 6 肋骨骨折。

2．新更换的瓷绝缘子安装前，应检查与测试哪些项目？

3．瓷绝缘子串各种金具上的螺栓、穿钉及弹簧销子的穿向应符合哪些规定？

第二部分 标准化作业文本

1 标准化作业指导书

220kV ××线 18 号塔停电更换 U 相耐张绝缘子串

检修作业指导书

编写：__________ _____年___月___日

审核：__________ _____年___月___日

批准：__________ _____年___月___日

工作负责人：

作业日期：　　年　　月　　日　　时至　　年　　月　　日　　时

××××公司

1 范围

本指导书适用于220kV××线18号塔停电更换×相耐张绝缘子串检修作业。

2 引用文件

GB 50233—2005 《110～500kV架空电力线路施工及验收规范》
GB 50545—2010 《110kV～750kV架空输电线路设计规范》
DL/T 741—2010 《架空输电线路运行规程》
DL/T 5168—2002 《110kV～500kV架空电力线路工程施工质量检验及评定规程》
DL 5009.2—2004 《电力建设安全工作规程　第二部分：架空电力线路》
国家电网安监〔2009〕664号 《国家电网公司电力安全工作规程（线路部分）》
国家电网生〔2006〕935号 《架空输电线路管理规范》
国家电网公司 《110（66）kV～500kV架空输电线路运行规范》
国家电网公司 《110（66）kV～500kV架空输电线路检修规范》
国家电网公司 《110（66）kV～500kV架空输电线路检修导则》

3 环境条件

（1）作业现场的生产条件和安全设施应符合有关标准、规范的要求。

（2）作业应在良好的天气下进行，工作中遇有雷、雨、雾及五级以上的大风等恶劣天气时，应立即停止工作。

4 作业人员组织与分工

4.1 作业任务及分工（见2安全质量控制卡）

4.2 作业人员标准与职责

<table>
<tr><th>√</th><th>序号</th><th>岗位</th><th>标　准</th><th>职　责</th><th>其他要求</th></tr>
<tr><td></td><td>1</td><td>工作总负责人</td><td>1. 精神状态良好、责任心强。
2. 经《国家电网公司电力安全工作规程》考试合格，局安监部批准可以担任送电线路工作负责人的人员</td><td>1. 组织作业人员进行安全交底、学习本指导书，并进行录音。
2. 工作票的开工、终结办理。
3. 监督工作段接地线是否挂好、足够。
4. 检查各种作业工器具、材料及劳保用品是否完备</td><td rowspan="4">1. 精神状态良好。
2. 具备必要的电气知识，并经《电业安全工作规程》考试合格。
3. 进入作业现场，穿合格工作服、工作鞋，戴好安全帽。
4. 作业中互相关心施工安全，及时纠正不安全的行为</td></tr>
<tr><td></td><td>2</td><td>监护人</td><td>1. 精神状态良好、责任心强。
2. 经《国家电网公司电力安全工作规程》考试合格，局安监部批准可以担任送电线路工作负责人的人员</td><td>1. 监护本小组作业人员的安全。
2. 对本小组作业人员安全负责</td></tr>
<tr><td></td><td>3</td><td>塔上电工</td><td>1. 取得送电线路专业上岗证书。
2. 无影响高空作业病症</td><td>1. 安装、拆卸施工工具。
2. 高空完成绝缘子更换。
3. 工艺质量主要控制人</td></tr>
<tr><td></td><td>4</td><td>地面电工</td><td>1. 取得送电线路专业上岗证书。
2. 头脑清醒，熟悉地面工作</td><td>1. 组装施工工具、绝缘子串。
2. 升、放施工工具、材料。
3. 指导民工安全协助施工。
4. 协助监护现场作业人员的安全</td></tr>
</table>

表（续）

√	序号	岗位	标 准	职 责	其他要求
	5	辅助电工（民工）	通过安全教育，掌握线路作业有关安全事项，了解工具的使用、搬运方法	1．搬运施工工具、材料。 2．协助地面电工升、放施工工具、材料	

5 作业前准备

5.1 设备了解

√	序号	准备内容及要求	备 注
	1	了解作业设备的名称、编号、位置及近邻设备情况	
	2	了解作业时的停电范围及近邻设备运行状态	
	3	了解作业杆塔型式及所处地形、地貌	
	4	了解各杆塔水平（耐张塔）、垂直（直线塔）档距大小	
	5	了解交叉跨越情况	
	6	了解当天天气状况	

5.2 工具准备

5.2.1 安全工具准备

	序号	工具名称	规格型号	单位	数量	备 注
	1	验电笔	与检修线路设备电压等级相适应	把	2	
	2	接地线	与检修线路设备电压等级相适应	组	2	
	3	个人保安线	5m	副	1	
	以上作业工器具机械及电气强度均应满足《电力安全工作规程》要求，周期预防性、检查性试验合格					

5.2.2 作业工具准备

√	序号	工具名称	规格型号	单位	数量	备 注
	1	手扳葫芦	30kN	套	2	
	2	托瓶架	220kV	副	1	
	3	导线后备保护绳	$\phi16$	根	1	
	4	钢丝绳套	$\phi16\times2m$	只	2	
	5	滑车组	30kN	套	1	
	6	主吊绳	$\phi14$	根	1	
	7	传递绳	$\phi12$	根	3	
	8	U形环	100kN	只	2	
	以上作业工器具机械及电气强度均应满足《电力安全工作规程》要求，周期预防性、检查性试验合格					

5.2.3 个人工具准备

√	序号	工具名称	规格型号	单位	数量	备　注
	1	安全帽	HT-7A	顶	6	
	2	背带式安全带	T3XB	副	3	
	3	扳手	12in	把	5	
	4	扳手	10in	把	5	
	5	钳子	—	把	5	
	6	取销钳	—	把	2	
	以上作业工器具机械及电气强度均应满足《电力安全工作规程》要求，周期预防性、检查性试验合格					

5.3 材料准备

√	序号	名　　称	型号	单位	数量	备　注
	1	瓷绝缘子	与检修线路设备相适应	片	15	带弹簧销

5.4 其他准备事项

√	序号	准　备　内　容	执行时限	责任人签名
	1	按规定向调度提出停电申请，并得以许可	提前3个工作日	
	2	组织学习本作业指导书	提前1天	
	3	按要求填写线路第一种工作票	提前1天	
	4	准备好停电检修线路识别标志卡	提前1天	
	5	工作负责人宣读工作票，再次交待工作任务、作业危险点安全措施及注意事项	当天工作前	
	6	工作班成员明确工作任务、安全措施及注意事项后在工作票上签字	当天工作前	

6 危险点分析及预控措施

危险点	预　控　措　施
6.1 防触电、感应电（注明同塔架设线路名称，停电线路色标）	1. 开工前办理线路第一种工作票
	2. 采用合格验电器进行验电
	3. 在工作地段两端挂接地线
	4. 挂接地线要先挂接地端，后挂导线端，拆除时，顺序相反
	5. 应使用合格接地线，接地线挂完后，应保证各部位连接可靠
	6. 各工作组应挂防感应电保安线
	7. 接地线没有全部挂好之前禁止上塔检修，应确保全线作业人员工作完毕并已撤离后方可拆除接地线，接地线拆除后，严禁所有人员上塔
	8. 凡是有进入导线作业的人员必须使用个人保安线

表（续）

危险点	预 控 措 施
6.2 防误登杆塔	1．工作负责人应向全体作业人员宣读工作票，讲明工作地段、工作时间、任务及有关情况
	2．现场作业人员佩戴该停电检修线路的识别标志卡
	3．上塔前必须核对、认清设备的名称、编号、位置及状态
6.3 防高空坠落	1．登杆塔前应检查杆根、杆塔基础是否牢固，拉线是否完好
	2．登铁塔前应注意塔上是否有马蜂窝，若发现马蜂窝，应采取防蜇措施，方可登塔作业
	3．杆塔上作业必须使用安全带及个人双控保护绳，使用时安全带应系在杆塔的牢固构件上，防止受力后脱出或被锋利物割伤
	4．上下塔应抓牢杆塔主材，避免抓脚钉
	5．有妨碍高空作业的病症不得登塔作业
	6．遇有雷雨不得登塔作业
	7．酒后严禁作业
6.4 防人员砸伤	1．作业现场所有人员均应戴安全帽
	2．作业时作业位置下方不准有人逗留，传递工具、材料应在侧面进行并应绑扎牢固，不得随意抛掷
	3．杆塔上作业人员要防止掉东西，使用的工器具、小材料应装在工具袋里
	4．传递物品所用绳索应完好无断股、松股
6.5 防工具故障	1．准备工具时规格型号应匹配、性能良好、安全系数足够，并检查其外观是否良好，试验是否过期，发现有损伤或其他异常情况应停止使用，禁止冒险作业
	2．传递工具时应用绳索绑扎牢固，不得随意抛掷
6.6 防掉线	1．作业必须做好防导线脱出的后备保护，保护钢丝绳绑扎应牢固、有效，长度适中
	2．检查承力工具牢固可靠后，方可脱开碗头卸绝缘子
	3．安装绝缘子串后，应认真检查各部件金具弹簧销、销棒、销针及球头确已连接好方准拆除工具
	4．严禁双钩，葫芦的挂钩直接挂在角钢上收紧导线，防止角钢侧翻、工具脱出

7 安全措施及注意事项

√	序号	内 容
	1	严格认真执行工作票制度，各级人员安全职责明确。工作负责人在每天开工前应认真组织开好班前会，明确每个人的工作任务、安全注意事项和要求
	2	工作负责人必须在得到工作许可人的工作许可命令后，方可指挥本班工作人员在停电工作线路上验电、接地（工作段两端和可能来电的T接点），而后进行线路检修作业
	3	110～220kV的停电检修线路上若有感应电压存在时应加挂接地线，若要进行短接线路绝缘子串的工作，则必须在工作点先加挂一组接地线，而后方可开始工作
	4	对停电线路进行验电、挂接地线时，应严格按照《电业安全工作规程》规定的操作程序和要求执行。送电线路的验电接地必须使用合格的、相应电压等级的专用验电器和接地线
	5	对停电线路进行验电、接地时，必须使用合格的、相应电压等级的专用验电器和接地线。在对线路进行验电前，必须先对验电器的声、光信号进行检查，不正常的验电器严禁使用

表（续）

√	序号	内　　容
	6	同塔双回路架设或多回路平行走向的送电线路，其中一回线路停电检修时，作业人员上杆塔前，必须至少有两人共同确认停电线路的名称、左右线和杆塔号后，再在一人监护的条件下登杆塔作业。不得进入带电侧横担，并与带电体保持 110kV——3.0m、220kV——4.0m 及以上安全距离
	7	送电线路检修作业小组每小组至少有两人协作，工作监护人在本组人员没有触电危险的条件下，可以参加工作，但不得分散单人单杆塔单独作业
	8	送电线路检修作业人员在攀登杆塔之前，应对本杆塔的本体及其基础、拉线和脚钉（爬梯）的稳固情况进行检查。凡发现杆塔本体结构改变，杆塔基础（包括拉线基础）有塌方、下陷、冲刷、开挖等危及杆塔稳定的，杆塔拉线损坏或受力不平衡的，爬梯或脚钉损坏影响作业人员安全的情况等，作业人员不得上杆塔作业。但通过对杆塔拉线的调整、修复后恢复杆塔稳定的，爬梯或脚钉修复后不影响攀登杆塔人员安全的，作业人员可继续攀登杆塔进行线路检修作业
	9	杆塔上作业人员必须使用双控安全带，且安全带应系在杆塔上牢固的构件上，并防止安全带被锋利的构件割伤。系安全带时，还应注意正确搭扣、紧固并防止松脱
	10	在邻近带电电力线路的停电线路上工作使用绳索时，应控制好绳索，避免其因风飘移造成对带电线路的安全距离不足
	11	杆塔上作业人员应使用工具包，注意防止工器具、材料掉落，工器具、材料上下杆塔应使用绳索传递，严禁直接从杆塔上扔下。使用绳索进行工器具、材料传递时，应注意规范系好、系牢被传递物品，避免其在传递过程中突然掉落。高空作业点下方和物品传递位下方不得有人员逗留
	12	在线路检修作业过程中若遇雷、雨、大风（同塔双回路架设线路五级、单回架设线路六级）天气，或其他威胁作业人员安全的情况时，作业人员应及时向工作负责人汇报，工作负责人应根据现场具体情况，可临时中断工作。连续两天及以上的线路停电检修夜间中断工作，以及上述因故中断工作后的恢复工作之前，工作负责人应事先派人对线路上的接地线等安全措施进行检查，各项安全措施完整没问题后方可继续工作。凡在中断工作时拆除线路临时接地线的，在恢复工作前必须再次先进行验电、接地后方可继续工作。凡工作票已终结的，要再次进行工作的，则必须重新办理工作票，履行工作许可手续
	13	各检修班组在停电线路上所挂接的所有临时的或固定的接地线，均必须登记在册并明确其负责人，工作结束时及时校对，确保无误
	14	采用合成绝缘子串的送电线路检修时，作业人员进出导线必须使用过渡工具，不得直接沿合成绝缘子串直接进出导线。过渡工具的搭架（包括单联绝缘子或玻璃绝缘子串的出线）必须规范、牢靠
	15	作业人员进入金具、绝缘子串时，必须首先对金具、绝缘子串的连接情况进行检查，若发现金具、绝缘子串的连接有异常或损坏，影响作业人员的安全时，作业人员应立即退出金具、绝缘串。对通过对其进行修复后不影响作业人员安全的，以及确认其连接正常的，可继续进行检修作业
	16	在使用人力（民工）进行起吊重物作业时，必须配有足够的人力，临场必须有有经验的师傅统一指挥，并有可靠的制止重物回落的有效措施
	17	在线路检修作业现场，任何人发现有违规者，有责任予以当场指出并予以纠正

8　现场作业流程及技术要求

8.1　开工

√	序号	内　　容	责任人签名
	1	工作负责人办理线路第一种工作票	
	2	工作负责人下令在工作票所列挂接地线位置验电、挂接地线	
	3	工作负责人工作票所列挂接地线位置已挂好接地线的通知后，宣布开工	

8.2 作业内容及标准

√	序号	作业内容	作业工序及标准	安全措施及注意事项	责任人签字
	1	安装耐张串更换工具	1．横担侧电工带滑车、主吊绳登塔至作业位置,安装好滑车、主吊绳。 2．杆下电工利用传递绳将钢丝绳、手扳葫芦、托瓶架等工器具吊升至塔上作业位置。 3．横担侧电工与导线侧电工互相配合安装好承力工具和后备钢丝保护绳	1．吊升工具应绑扎牢固。 2．作业位置下方禁止人员逗留。 3．全体作业人员均应戴好安全帽等安全用具。 4．导线侧电工移位时不得失去安全带和双控保护绳的保护	
	2	拆卸耐张瓷绝缘子	1．均匀收紧手板葫芦，使绝缘子串松弛至托瓶架上。 2．横担侧电工绑好绝缘子串，取下绝缘子串弹簧销。 3．导线侧电工取下绝缘子串弹簧销，并使绝缘子串脱离导线。 4．横担侧电工与导线侧电工、地面电工配合用主吊绳将绝缘子串传递至地面	1．选择匹配且良好的承力工具。 2．绝缘子串吊离托瓶架时应平稳顺滑，防止绝缘子与金属部件磕碰或卡入托瓶架。 3．拆卸绝缘子串前应检查承力工具各部件连接情况。 4．下放绝缘子应绑扎牢固	
	3	安装新绝缘子串	1．地面电工将检验合格的绝缘子组装成串后用主吊绳系牢，由杆上、地面电工配合传递到杆上。 2．导线侧和横担侧电工配合将绝缘子推至托瓶架上，恢复绝缘子串前后连接点的连接，并安装好弹簧销，检查绝缘子及作业各部位的连接状况，调整绝缘子串的开口方向，使其一致	1．吊升绝缘子串应绑扎牢固，防止绝缘子与塔材发生磕碰。 2．绝缘子串放入托瓶架时应平稳顺滑，防止绝缘子与金属部件磕碰或卡入托瓶架	
	4	拆除工器具	1．横担侧电工摇松手扳葫芦使张力转移到绝缘子串上。 2．检查各部金具连接无问题后，拆除工器具及导线保护绳传至地面，导线侧作业人员返回杆上。 3．杆上作业人员检查作业各部位正常、完好，杆上无任何遗留物。 4．杆上人员解开安全带、后备保护绳，携带传递绳下至地面	1．检查新装绝缘子串各连接部位可靠，受力良好方可拆除承力工具和导线后备保护绳。 2．导线侧电工退出导线时不能失去安全带和双控保护绳的保护。 3．下放工具时绑扎要牢固	

8.3 竣工

√	序号	内　　容	负责人签字
	1	清理工作现场，做到人走场清	
	2	工作负责人检查现场无问题后，办理工作票终结手续	
	3	作业总结、安全质量控制卡签字	

9 消缺记录

√	序号	缺 陷 内 容	处 理 办 法	消缺人签字
	1			
	2			
	3			
	4			

10 验收总结

√	序号	检修总结		责任人签字（监护人）
	1	验收评价		
	2	存在问题及整改意见		

11 指导书执行情况评估

<table>
<tr><td rowspan="4">评估内容</td><td rowspan="2">符合性</td><td>优</td><td></td><td>可操作</td><td></td></tr>
<tr><td>良</td><td></td><td>不可操作项</td><td></td></tr>
<tr><td rowspan="2">可操作性</td><td>优</td><td></td><td>修改项</td><td></td></tr>
<tr><td>良</td><td></td><td>遗漏项</td><td></td></tr>
<tr><td>存在问题</td><td colspan="5"></td></tr>
<tr><td>改进意见</td><td colspan="5"></td></tr>
</table>

12 附录

2 安全质量控制卡

编号：××××××

班组作业安全质量控制卡

作业名称：220kV ××线 18 号塔停电更换×相耐张绝缘子串

编制：×××　　审批：×××

工作负责人：×××　　小组成员：×××、×××

作业性质：停电作业

计划时间：××年×月×日×时×分至××年×月×日×时×分

1 作业前

1.1 内业准备

序号	类　别	规　格	单位	数量	确认
1．工器具和材料					
1.1	安全帽	HT-7A	个	6	
1.2	背带式安全带	T3XB	套	3	
1.3	个人工具		套	5	
1.4	手扳葫芦	30kN	套	2	
1.5	托瓶架	220kV	副	1	
1.6	导线后备保护绳	ϕ16	根	1	
1.7	钢丝绳套	ϕ16×2m	只	2	
1.8	滑车组	30kN	套	1	
1.9	主吊绳	ϕ14	根	1	
1.10	传递绳	ϕ12	根	3	
1.11	U 形环	100kN	只	2	
1.12	纱布		条	若干	
1.13	验电笔	220kV	支	2	
1.14	接地线	截面积不得小于 25mm^2	组	2	
1.15	个人保安线	5m	副	1	
1.16	绝缘电阻表	5000V	只	1	
1.17	瓷绝缘子	与检修线路设备相适应	片	若干	
1.18	弹簧销		颗	若干	
1.19	取销钳		把	2	
2．作业文件					
2.1	工作票编号	×××			

表（续）

序号	类别		规格		单位	数量	确认
2.2	现场勘察单		□已勘察　□无需勘察				
2.3	检修记录卡						
3．录音笔							
4．实际综合人日		技工	4	民工	2		

1.2　出工准备

序号	名　　称	确认
1	任务分工	
2	出工三检查（检查作业人员着装、劳动防护用品和精神状态）	

2　作业中

2.1　班前会

2.1.1　危险点分析及安全控制措施交底

序号	危险点分析	安全控制措施	确认
1	触电、感应电	1．开工前办理线路第一种工作票	
		2．采用合格验电器进行验电	
		3．在工作地段两端挂接地线	
		4．挂接地线要先挂接地端，后挂导线端，拆除时，顺序相反	
		5．应使用合格接地线，接地线挂完后，应保证各部位连接可靠	
		6．各工作组应挂防感应电保安线	
		7．接地线没有全部挂好之前禁止上塔检修，应确保全线作业人员工作完毕并已撤离后方可拆除接地线，接地线拆除后，严禁所有人员上塔	
		8．凡是有进入导线作业的人员必须使用个人保安线	
2	误登杆塔	1．工作负责人应向全体作业人员宣读工作票、讲明工作地段、工作时间，任务及有关情况	
		2．现场作业人员佩戴该停电检修线路的识别标志卡	
		3．上塔前必须核对认清设备的名称、编号、位置及状态	
3	高空坠落	1．登杆塔前应检查杆根、杆塔基础是否牢固，拉线是否完好	
		2．登铁塔前应注意塔上是否有马蜂窝，若发现马蜂窝，应采取防蜇措施，方可登塔作业	
		3．杆塔上作业必须使用安全带及个人双控保护绳，使用时安全带应系在杆塔的牢固构件上，防止受力后脱出或被锋利物割伤	
		4．上下塔应抓牢杆塔主材，避免抓脚钉	
		5．有妨碍高空作业的病症不得登塔作业	
		6．遇有雷雨不得登塔作业	
		7．酒后严禁作业	

表（续）

序号	危险点分析	安全控制措施	确认
4	人员砸伤	1．作业现场所有人员均应戴安全帽	
		2．作业时作业位置下方不准有人逗留，传递工具、材料应在侧面进行并应绑扎牢固，不得随意抛掷	
		3．杆塔上作业人员要防止掉东西，使用的工器具、小材料应装在工具袋里	
		4．传递物品所用绳索应完好无断股、松股	
5	工具故障	1．准备工具时规格型号应匹配、性能良好、安全系数足够，并检查其外观是否良好，试验是否过期，发现有损伤或其他异常情况应停止使用，禁止冒险作业	
		2．传递工具时应用绳索绑扎牢固，不得随意抛掷	
6	导线脱落	1．作业必须做好防导线脱出的后备保护，保护钢丝绳绑扎应牢固、有效，长度适中	
		2．检查承力工具牢固可靠后，方可脱开碗头卸绝缘子	
		3．安装绝缘子串后，应认真检查各部件金具弹簧销、销棒、销针及球头确已连接好方准拆除工具	
		4．严禁手扳葫芦的挂钩直接挂在角钢上收紧到线，防止角钢侧翻、工具脱出	

2.1.2 安全措施确认

我已知晓上述工作内容、地点、计划时间、人员分工、危险因素及防范措施，精神状态良好。 确认签字：

2.2 作业工序

2.2.1 作业组关键工序安全质量控制

序号	关键工序	风 险 提 醒	确 认		
1	验电挂接地线	1．对线路逐相进行验电，验明线路确无电压后，即在线路上挂接地线。 2．挂接地线时，其接地端和导线端必须接触良好、可靠。 3．接地线组件在杆塔上绑扎牢固，不得大幅摆动或掉落			
2	安装耐张串更换工具	1．工具吊装应绑扎牢固。 2．作业位置下方禁止人员逗留，全体作业人员均应戴好安全帽。 3．导线侧电工移位时不得失去安全带和双控保护绳的保护			
3	拆卸耐张绝缘子串	1．选择匹配且良好的承力工具。 2．绝缘子串吊离托瓶架时应平稳顺滑，防止绝缘子与金属部件磕碰或卡入托瓶架。 3．采用钢丝后备保护绳。 4．拆卸绝缘子串前应检查承力工具各部件连接情况并做垂直荷载冲击试验。 5．拆卸绝缘子串时先拆导线侧，后拆横担侧。 6．下放绝缘子应绑扎牢固			

表（续）

序号	关键工序	风 险 提 醒	确 认		
4	安装新耐张绝缘子	1．吊升绝缘子串应绑扎牢固，防止绝缘子与塔材发生磕碰。 2．绝缘子串放入托瓶架时应平稳顺滑，防止绝缘子与金属部件磕碰或卡入托瓶架。 3．安装好绝缘子串横担侧方可解开绑扎绳索			
5	拆除工具	1．检查新装绝缘子串各连接部位可靠、受力良好方可拆除承力工具和导线后备保护绳。 2．导线侧电工退出导线时不能失去安全带和双控保护绳的保护。 3．下放工具时绑扎要牢固			
6	拆除接地线	确认本班工作人员均已撤离杆塔后，指挥拆除本班所挂接的所有接地线			

2.2.2 工作监护

专人监护			是□	否□
杆号			监护人	登杆人

3 作业后

3.1 内业工作

序号	流 程	要 求	确认
1	班后会	工作总结、评价及相应措施	
2	GPMS 流程推进	作业管理相关内容填写、上传完整，发现、处理缺陷记录	
3	录音上传	工作许可、安全措施交待录音	
4	作业文件归档	工作票、检修报表检查并归档	

3.2 作业评价

评价情况：经检查，本控制卡：□ 合格 / □ 不合格，存在____问题，已向__________________指出。

检查人：__________________

_____年____月____日

3 现场勘察单

现 场 勘 察 单

勘察单位：__________ 编号：__________

勘察负责人：__________ 勘察人员：__________

勘察的线路或设备的双重名称（多回应注明双重称号）：

____

工作任务（工作地点或地段以及工作内容）：__________

____

现场勘察内容

1．需要停电的范围：
2．保留的带电部位：
3．作业现场的条件、环境及其他危险点：
4．应采取的安全措施：
5．附图与说明：

记录人：________ 勘察日期：____年___月___日___时___分至___日___时___分

4 电力线路第一种工作票

××××电业局（供电公司）

电力线路第一种工作票

单位：××××　　　　编号：××××

1．部门：××××　　工作班组：××××　　工作负责人：×××

2．工作班人员（不包括工作负责人）：甲、乙、丙，辅助工共4人

共 5 人

3．工作线路名称（多回线路应注明双重称号）：220kV××线线路

4．工作任务：

工作地点或地段（注明分、支路名称，线路的起止杆号）	工 作 内 容
220kV××线18号塔	更换×相耐张绝缘子串

5．计划工作时间：自××年×月×日×时×分至××年×月×日×时×分

6．安全措施（必要时可附页绘图说明）：

应转为检修状态的线路间隔名称	220kV×××变电站220kV××线××间隔
	220kV×××变电站220kV××线××间隔
应断开线路上的断路器、隔离开关、跌落式熔断器（名称和编号）	
线路上应挂的操作接地线（应写明线路电压等级、名称、杆号和具体挂设的部位）	
配合停电的线路	
其他安全措施和注意事项	

保留或邻近的带电线路、设备：

工作班组应挂设的接地线：______________________________ 共有____组

线路电压等级、名称和杆号（注明方向）	接地线编号		执行人	
	高压	低压	装设	拆除
220kV××线线路 17 号塔大号侧	×××		×××	×××
220kV××线线路 19 号塔小号侧	×××		×××	×××

工作票签发人（施工单位）：<u>×××</u>　<u>××</u>年<u>×</u>月<u>×</u>日<u>×</u>时<u>×</u>分

工作票签发人（运行单位）：<u>×××</u>　<u>××</u>年<u>×</u>月<u>×</u>日<u>×</u>时<u>×</u>分

工作负责人：<u>×××</u>

7．确认本工作票 1～6 项，许可工作：

许可方式	许可工作的时间	许可人（含非本单位配合停电许可）	工作负责人
电话下达	××年×月×日×时×分	×××	×××
	年　月　日　时　分		
	年　月　日　时　分		

8．工作负责人现场补充安全措施（针对防止倒杆、高处坠落、物体打击等的现场安全措施）：

____

____

____

____

____

____

9．工作票延期，有效期延长到：_____年___月___日____时____分

延期原因：____

工作负责人签名：____________　　值班调度员签名：____________

10．工作人员变动：

增添人员姓名	日	时	分	工作负责人签名	离去人员姓名	日	时	分	工作负责人签名

工作负责人变动：原工作负责人__________离去，变更__________为工作负责人。

变动时间：____年___月___日___时___分，并已通知工作许可人________。

工作票签发人：__________

11．工作终结报告：

全部工作结束，工作班人员已全部撤离，现场已清理完毕，所挂接地线共_____组已经拆除。

终结报告的方式	终结报告的时间	许可人（含配合停电许可）	工作负责人
电话报告	××年×月×日×时×分	×××	×××
	年 月 日 时 分		
	年 月 日 时 分		

12．备注：

（1）指定专责监护人：__________ 负责监护（人员、地点及具体工作）：____________________

（2）监督负责人：__________

（3）其他事项：①作业人员必须持有与220kV××线杆号牌相同颜色（蓝色）的登杆标记卡，经核对无误后方可上塔工作；②作业人员必须正确使用合格的双保险背带式安全带等安全防护用具；③其他安全措施和注意事项详见班组作业安全质量控制卡。

13．交任务、交安全措施确认：我对工作负责人布置的工作任务及安全措施已明白无误，所做安全措施已能确保我的工作安全。

工作班人员签名：____________________

14．评价情况：

经检查本票为_______票，存在____________________问题，已向________指出。

检查人：__________

______年____月____日

思考与练习答案

1．答：原因分析：（1）作业人员违反安规规定未使用后备保护绳，安全带使用不当。（2）U形环制造质量不良，施工单位未严格按规定采购器材设备。

防范措施：（1）作业人员攀登杆塔、杆塔上转位及杆塔上作业时，手扶的构件应牢固，不准失去安全防护，并防止安全带从杆顶脱出或被锋利物损坏。（《国家电网公司电力安全工作规程（线路部分）》第6.2.3条）

（2）在杆塔上作业时，应使用有后备绳或速差自锁器的双控背带式安全带，当后保护绳超过3m时，应使用缓冲器。安全带和保护绳应分别挂在杆塔不同部位的牢固构件上。（《国家电网公司电力安全工作规程（线路部分）》第6.2.4条）

（3）高处作业人员在作业过程中，应随时检查安全带是否拴牢。高处作业人员在转移作业位置时不准失去安全带防护。（《国家电网公司电力安全工作规程（线路部分）》第7.10条）

（4）工作负责人、专责监护人应始终在工作现场，对工作班人员的安全进行认真监护，及时纠正不安全的行为。（《国家电网公司电力安全工作规程（线路部分）》第2.5.1条）

2．答：（1）新更换的瓷绝缘子安装前应逐个表面清洗干净，并应逐个进行外观检查。安装时应检查碗头、球头与弹簧销子之间的间隙，绝缘子串钢帽、绝缘体、钢脚应在同一轴线上。在安装好弹簧销子的情况下球头不得自碗头脱出。验收前应清除瓷绝缘子表面的污垢及附着物。

（2）瓷绝缘子的绝缘电阻宜用 5000V 绝缘电阻表逐个进行测量，绝缘电阻值应大于500MΩ。

3．答：绝缘子串各种金具上的螺栓、穿钉及弹簧销子除有固定穿向外，其余穿向应统一，并应符合下列规定：①悬垂串上的弹簧销子均按线路方向穿入，使用W弹簧销子时，绝缘子大口均朝线路后方，使用R弹簧销子时，大口均朝线路前方，螺栓及穿钉凡能顺线路方向穿入者均按线路方向穿入，特殊情况两边线由内向外，中线由左向右穿入；②耐张串上的弹簧销子、螺栓及穿钉均由上向下穿，当使用W弹簧销子时，绝缘子大口均应向上，当使用R弹簧销子时，绝缘子大口均向下，特殊情况可由内向外，由左向右穿入。